Generis

PUBLISHING

La lutte contre l'islamophobie

par Mehdi Thomas ALLAL,

Haut fonctionnaire à la Mairie de Paris,

Maître de conférences à Sciences Po,

Responsable du pôle « vivre ensemble » du think tank Le Jour d'Après (JDA),

Président de l'association La Casa Nostra

CIP a Camerei Naţionale a Cărţii

Allal, Mehdi Thomas.
La lutte contre l'islamophobie / Mehdi Thomas Allal. – Chişinău : Generis Publishing, 2020 (Print on demand). – 39 p.

ISBN 978-9975-154-68-0.

316.647.82:28(44)]

A 31

Cover image: www.pixabay.com

Publisher: Generis Publishing
Online orders: www.generis-publishing.com
Orders by email: info@generis-publishing.com

À mon fils, Noam

SOMMAIRE

L'islamophobie, plutôt qu'une affaire d'État, une affaire de l'État

Juillet 2019 : les pouvoirs publics persistent à ne pas reconnaître la montée de l'islamophobie en France, et plus généralement dans les pays occidentaux. Certes, la naissance de ce concept est floue et parfois attribuée aux Frères musulmans. Mais comment ne pas constater – et comptabiliser – la recrudescence des agressions dont sont victimes les musulman-e-s de France ?

Est-ce à dire, comme certains voudraient le croire – et le faire accroire – qu'il existe un racisme d'État, qui ne fait que s'accroître ? Est-ce à dire que les institutions nationales créent de la discrimination indirectement ou sans le savoir ? Je ne le pense pas. Il y a certes des recours en justice contre des bailleurs sociaux ou certains employeurs de la fonction publique. Mais nos gouvernants ne peuvent être désignés comme coupables.

Il existe un secrétariat d'État, dirigé par Marlène Schiappa, puis par Élisabeth Morano, et dédié à l'égalité femmes / hommes et à la lutte contre les discriminations. Souvent décrié et étrillé, son travail vise à faire reculer les injustices fondées sur le sexe, l'origine géographique et/ou sociale, l'orientation sexuelle, le handicap, le physique ou n'importe lequel des vingt-quatre critères aujourd'hui reconnus par les codes de loi et la jurisprudence.

Sans être un thuriféraire de la présidence d'Emmanuel Macron, il faut lui reconnaître la qualité d'avoir neutralisé les revendications minoritaires à propos de l'espace public. Qui ne se souvient pas des polémiques nées sous le gouvernement de Manuel Valls relatives au *burkini* sur les plages, au menu dans les cantines scolaires, à l'abattage rituel ou encore à l'interdiction du port de la burqa ? La dernière élection présidentielle a eu le mérite de mettre un terme à cette « surchauffe », sans pour autant, il est vrai, régler tous les problèmes de fond…

Comme l'a concédé un récent rapport parlementaire sur la thèse du communautarisme dans les transports publics, ce thème est minoritaire et recouvre seulement des poches résiduelles, auxquelles il est cependant nécessaire de remédier. Il ne doit pas faire oublier les milliers de concitoyen-ne-s musulman-e-s qui travaillent aujourd'hui en faveur de leurs compatriotes, dans les services publics et ailleurs, et qui sont considérés parfois comme des citoyens de seconde zone.

Pourtant, cette islamophobie rampante continue d'être niée par une partie du monde académique et des élites. Peut-être est-il temps de modifier l'article 1er de notre Constitution du 4 octobre 1958 qui prohibe les distinctions sous le signe de la religion ou de l'origine, pour enfin recenser les agressions racistes dans notre pays. Ce qui nous fait affirmer que l'islamophobie relève plus d'une compétence de l'État que d'une affaire d'État, comme par exemple le cas *Benalla*.

Les associations telles que SOS-Racisme ou le CRAN n'hésitent pas à les dénombrer et à les dénoncer lorsqu'il s'agit de négrophobie. Les entités publiques existent actuellement pour observer et traquer ce type d'agressions. Par exemple, pourquoi la délégation interministérielle à la lutte contre les racismes, l'antisémitisme et l'homophobie (DLICRAH) ne serait pas renommée afin qu'elle prenne véritablement en compte le racisme anti-arabe, anti-noir, anti-latinos ou anti-asiatique.

Ce n'est pas parce qu'il existe des tensions intercommunautaires entre juifs, musulmans, gays ou vis-à-vis des femmes, qu'il faut les entériner par le discours public. Certes, l'antisémitisme, la misogynie ou l'homophobie constituent un fléau vivace au sein de certaines minorités. Mais est-ce une raison pour priver ces dernières de toute reconnaissance officielle ? Est-ce une raison pour passer sous silence les milliers de cas de discrimination dont font encore les frais les musulman-e-s de notre pays ? Donnons-nous l'occasion d'espérer et d'aspirer à une plus grande cohésion nationale et une plus grande justice sociale, en reconnaissant enfin le concept d'islamophobie comme faisant partie des outils dont nous disposons pour lutter efficacement contre le racisme et les discriminations !

Ostentatoire ? Vous avez dit ostentatoire ?
Comme c'est ostentatoire...

L'adjectif "ostentatoire" est à la mode. Tantôt utilisé pour les signes religieux à l'école, tantôt utilisé récemment pour l'utilisation de drapeaux durant la Coupe du monde, quel est ce monstre infâme qui se cache derrière lui, sinon l'islam de France ?

Pourtant, ce vocable a tout une histoire vénérable dans la bouche des grands sages de notre patrie. Il visait auparavant à désigner des manifestations susceptibles de porter atteinte à l'ordre public… Qu'est donc devenue cette noble ambition, lorsqu'il ne fait plus aucun doute qu'elle s'est transformée en arme de guerre contre une minorité désignée comme "visible" dans notre pays : les musulmans.

Une tentative de récupération déplorable

La « *fachosphère* » s'en donne à cœur joie.

La qualification de l'Algérie pour les huitièmes de finale en 2014 et les légers débordements qui ont suivi, ont ranimé la flamme non seulement de ceux qui veulent bouter les binationaux hors de France, mais également des adeptes d'une politique répressive vis-à-vis de ceux qu'ils assimilent à des délinquants en puissance parmi tous les jeunes de nos quartiers.

Non, les casseurs ne sont pas des supporters, mais des voyous.

Et non, tous ne sont pas d'origine maghrébine, loin s'en faut. Non, il ne faut pas confondre l'expression d'une joie légitime avec des actes réprimés par la loi et qui devront être sanctionnés dans une juste mesure…

L'emballement médiatique est en marche

Que n'aurait-on pas dit si le ramadan avait été respecté par les joueurs de foot des pays des deux rives de la Méditerranée, aux histoires croisées et entremêlées ?!? Existe-t-il des religions plus ostentatoires que d'autres ? Au bruit et à l'odeur plus fortes qu'à l'accoutumé ?

En réalité, la question qui se pose derrière cet emballement, c'est plutôt la suivante : les Français qui ont décidé de garder ou d'acquérir (comme moi) la nationalité algérienne ont-ils trahi leur patrie en démontrant un attachement irréversible à l'Algérie ? Faut-il y voir le prétexte à des interdictions et autres couvre-feux dans les villes gérées par l'UMP et le FN, sous couvert de préservation de l'ordre public ? Et, pour pousser le bouchon encore un peu plus loin, y-aurait-il un risque de guerre civile, par exemple en cas de match entre la France et l'Algérie ?

Il est grand temps de dégonfler la belle baudruche.

Célébrer le beau jeu, le plus important

Les Franco-Algériens soutiennent tout autant l'équipe de France que celle d'Algérie !

Tout comme en 1998, lorsque le meilleur joueur du monde s'appelait Zinedine Zidane. Le patriotisme, surtout lors des grands événements sportifs du XXIe siècle, est en fait toujours ostentatoire. Mieux vaut s'élever contre un regain de nationalisme à cette occasion et célébrer le beau jeu, reconnaître les vainqueurs et faire preuve de fair-play.

Et toujours se rappeler également que la peine est encore plus dure pour les nations des pays du sud, dont de nombreux joueurs de nos pays occidentaux sont issus, et qui ne disposent pas des infrastructures équivalentes à celles des pays les plus riches.

Oui, la trajectoire d'un pays comme le Nigeria ou l'Algérie est doublement méritante. Et ce n'est pas injure faite à l'équipe de France que de dire cela !

Oui, l'Afrique est un continent qui a été pillé de ses meilleurs talents dans les championnats étrangers, sans que les gouvernements s'en émeuvent plus que cela.

Oui, nous devons nous réjouir du courage des petites équipes face aux mastodontes européens. Car le sport, c'est aussi de la politique, du symbole... Les exemples fourmillent à travers l'histoire, depuis Jesse Owens jusqu'à Mohamed Ali, en passant par certains des plus grands athlètes de notre temps.

Oui, le sport comme la politique, a ses règles, qu'il faut savoir respecter et faire respecter. Alors réjouissons-nous de ces moments cruciaux pour la cohésion de notre patrie et cessons de nous faire peur inutilement entre nous !

Oui, il est possible d'être solidaire de la cause palestinienne sans être antisémite !

Comment ne pas réagir aujourd'hui face à la recrudescence d'actes antisémites perpétrés à l'occasion des rassemblements en faveur de la cause palestinienne !

Toute l'horreur d'un conflit, si injuste et inéquitable qu'il soit, ne saurait justifier le regain de la haine anti-juive, non seulement chez les jeunes de banlieue, en particulier au sein de la communauté musulmane, mais également parmi la classe politique, les cadres, bref des pans entiers de la société… L'antisémitisme constitue, tout comme le racisme, un délit justement sanctionné par la loi française, et nul n'est censé l'ignorer.

Des fanatiques ignorants de la géopolitique proche-orientale

Analysons plutôt cependant ce qui semble représenter le nœud gordien dans cette affaire, à savoir la collusion entre les sentiments de désapprobation face au gouvernement d'extrême-droite israélien et l'accusation de collaboration avec quelques fanatiques souhaitant en découdre avec les citoyens français de confession israélite.

Ces "fanatiques" sont en réalité totalement ignorants de l'histoire et de la géopolitique proche-orientale.

Ils taisent les conséquences hideuses de la haine des Juifs pendant la seconde guerre mondiale. Ils desservent de fait la cause palestinienne. Les réseaux sociaux sont pour ces énergumènes l'occasion de répandre leur bile et leur rancœur vis-à-vis de la société en prenant pour cible les médias, le gouvernement...

Prendre pacifiquement part dans un conflit

Dans ces conditions, la question qui se pose en réalité est la suivante : est-il possible de critiquer Israël aujourd'hui sans être antisémite ? Est-il possible au contraire de défendre le droit à la sécurité de l'État juif, sans être en désaccord avec les dirigeants de l'autorité palestinienne ? Et plus largement, est-il possible de prendre pacifiquement parti dans un conflit, sans être taxé d'importer la rage et la haine en Occident, comme nous l'ont reproché de nombreux commentateurs ?

Les partisans de la paix doivent s'unir aujourd'hui ! Toutes les initiatives de la société civile en faveur de l'amitié entre Juifs et Musulmans, qui s'expriment partout sur la planète, doivent être encouragées. La coexistence pacifique des différentes religions est l'un des défis les plus cruciaux dans ce monde globalisé. Ne laissons pas le rejet des Juifs prendre les mêmes proportions chez les Musulmans que dans les pays majoritairement chrétiens au XXème siècle ! Ne laissons pas certains prédicateurs salir la solution à deux États distincts et séparés au Proche-Orient, qui doit s'imposer !

Ne laissons pas impunis tous les actes qui portent atteinte à l'intégrité physique et à la dignité de nos concitoyens, quelle que soit leur race, leur religion, leur sexe ou leurs opinions. Sachons retrouver confiance dans nos institutions et dans nos grands principes régulateurs du vivre-ensemble, que sont la liberté, l'égalité, la fraternité, mais également la laïcité...

La société française ne doit pas se déchirer sur l'autel des tensions et des affrontements intercommunautaires. Quelles que soient les suites du conflit, il faut laisser à la diplomatie toutes ses chances de résolution, sans raviver les braises, et sans essayer de prendre à témoin l'opinion à chaque fois qu'une mesure est décidée par nos gouvernants. La confiance est à portée de main, sachons la saisir.

Peut-on critiquer les religions, et en particulier l'islam, sans discriminer ?

Que soulève le débat sur l'existence ou non d'une islamophobie en France, et plus généralement dans les pays occidentaux ? La question peut se résumer ainsi : doit-on prohiber toute critique, fût-elle humoristique, de l'islam ? Les caricatures de cette religion sont-elles admissibles lorsqu'elles incitent à la provocation et à la discrimination raciale ? Y a-t-il un rapport de cause à effet entre ces caricatures et les agressions dont sont victimes les musulman-e-s dans ces pays ? Existe-t-il des limites à ne pas franchir lorsqu'il s'agit de s'opposer à ce qui apparaît comme trop rétrograde dans les coutumes et habitudes des musulman-e-s ?

La République s'est construite sur une désincarnation, c'est-à-dire une différenciation entre les pouvoirs publics et les religions reconnues, notamment une forme de distanciation des liens entre l'État et la religion catholique ; le principe de laïcité a été érigé en barrière infranchissable entre la sphère publique et les cultes. Or, aujourd'hui, la majorité des musulman-e-s s'offusque de la trop grande porosité, pour ne pas dire de l'envahissement des pouvoirs publics lorsqu'il s'agit de leur religion…

Certains d'entre eux revendiquent pourtant l'adoption de normes conformes aux dogmes religieux. Les médias véhiculent des clichés, parfois grossiers, relatifs aux modes de vie des musulman-e-s. Les fondamentalistes musulmans grossissent le trait et mènent parfois des croisades anti-occidentales au nom de la liberté religieuse. La liberté de la presse constitue également un droit fondamental qu'il faut savoir préserver.

Mais le contexte est tendu. Les partis de gauche se sont déchirés sur la question identitaire : en effet, alors que certains militants exigeaient d'être très accueillants vis-à-vis des pourfendeurs du voile ou de la burqa, certains de leurs élu-e-s réclamaient au contraire une proximité avec les adeptes et les prédicateurs musulmans pour ne pas froisser l'électorat. Une partie de la droite s'est murée dans un discours sur le grand remplacement que subirait l'Europe chrétienne sous l'effet de l'immigration et de la natalité des pays africains, sud-américains et asiatiques.

Il existe également au sein de la propre communauté musulmane des dissensions, notamment entre les athées et les croyants. Certains manifestent leur désir de ne pas croire, tandis que d'autres exercent une forme de pression en vue de faire respecter les principes religieux. Pour faire face à cet imbroglio, qui divise nos sociétés et notre cohésion nationale, il y a lieu de poser des règles transparentes et claires en vue de préserver l'État de droit.

Les critiques de l'islam ne doivent pas être assimilées à de la haine antimusulmane. Il n'empêche qu'il faut reconnaître qu'il existe une certaine dose de violence vis-à-vis de l'ensemble des cultes, mixée à une tendance à privilégier la religion catholique. L'alliance traditionnelle entre les factions réactionnaires et l'Église conduit à l'éclipse d'une certaine bienveillance vis-à-vis des autres croyances, sous prétexte qu'elles doivent toutes être traitées de la même manière.

Et si cette tolérance vis-à-vis des musulman-e-s nous amenait à un plus juste dialogue entre l'État et les cultes, et entre les cultes eux-mêmes. La préservation de la neutralité de l'État n'est pas discutable, mais elle doit s'accompagner d'incitations à plus d'harmonie entre les minorités religieuses.

La tolérance vis-à-vis de la religion musulmane est une occasion dorée de renouer et de retisser des liens entre l'ensemble des religions reconnues et l'État, autrement que sous le signe de la défiance, alors que la critique du blasphème et son contraire nous empêchent d'y voir clair : tandis qu'il faut admettre pour la première que les cultes véhiculent parfois des pratiques nuisibles aux droits humains, la seconde pêche par une pâle copie de l'anticléricalisme ; or, la religion islamique ne constitue pas un danger pour l'existence et la préservation de la neutralité de l'État. Elle nous permet au contraire de redéfinir les relations entre sphère privée et sphère publique, à l'aune d'une laïcité non de combat, mais de paix.

À propos du principe de protection
des minorités religieuses dans l'espace public

Alors que certains de nos responsables politiques réclament toujours plus de restrictions à l'encontre de la liberté d'expression des opinions religieuses, les musulman-e-s de France font l'objet de discriminations croissantes de la part de leurs compatriotes. En même temps, le partage de l'espace public est revendiqué par des activistes qui souhaitent concilier institutions et traditions. Comment trouver un juste milieu entre celles et ceux qui souhaitent sauvegarder la neutralité des normes et celles et ceux qui veulent imposer leurs coutumes ou leurs codes cultuels au mépris des droits individuels ?

Le principe de laïcité a été conçu au début du XXe siècle dans une optique de combat et de lutte contre l'oppression. Il a servi d'étendard afin de repousser les religions dans leurs tranchées. Ce principe est aujourd'hui récusé par une partie de la gauche et récupéré par une partie de la droite et de l'extrême-droite pour lutter contre l'islam de France, jugé trop envahissant. Plusieurs juristes avertis ont pourtant alerté les pouvoirs publics quant à ce danger, en démontrant que le principe de laïcité devrait permettre la coexistence des croyances, notamment à l'école. Faut-il interdire toute manifestation de la foi pour placer toutes les croyances sur un pied d'égalité, ou au contraire faut-il laisser plus de liberté aux cultes pour leur permettre de dialoguer et de nouer des liens ?

Le principe d'égalité entre les croyances est donc incontournable dans ce débat. Comment mesurer la juste contribution à l'espace public des différentes religions, sans minimiser le combat des précurseurs du principe de laïcité ? Faut-il faire droit aux revendications religieuses les plus rétrogrades en raison du manque de visibilité de certaines minorités ? Quelles sont les pratiques religieuses acceptables dans un État de droit où le juge contrôle chaque étage de la pyramide des normes ? Quels sont les mécanismes juridiques à invoquer pour accommoder les normes aux usages cultuels et culturels ?

Plusieurs philosophies du multiculturalisme ont proposé effectivement de trouver des « accommodements raisonnables » pour résorber les conflits qui pouvaient naître entre la population dominante et certaines minorités. La surenchère étant inévitable, ne risque-t-on pas d'ouvrir la « boîte de Pandore » ? Existe-t-il des droits plus acceptables que d'autres, et selon quels critères ? Existe-t-il des lignes rouges à ne pas franchir lorsqu'on veut s'affranchir des inégalités entre religions ? Par exemple, le droit des femmes peut-il être menacé par les usages vestimentaires de certains de nos concitoyen-ne-s ?

Il faut en effet préserver un noyau dur de droits fondamentaux non susceptibles d'empiètements, comme le droit au mariage et à l'avortement, le pluralisme ou l'interdiction de la torture et des traitements inhumains. En revanche, la liberté d'expression des opinions religieuses implique de permettre de fixer des *arrangements variables et propices au « vivre ensemble »*, qui soient discutés et partagés collectivement, pacifiquement et localement.

Ces arrangements concernent des situations concrètes comme l'introduction et/ou la préservation de menus sans porc dans les écoles, la construction de mosquées, le financement de l'enseignement confessionnel sous contrat, la binationalité et le multilinguisme, ou encore le port de signes religieux par les usagers du service public. Ils ne sont pas forcément neufs, mais nécessitent davantage de compréhension par les pouvoirs publics.

Le principe de reconnaissance penche-t-il en définitive davantage vers plus d'égalité ou plus de liberté ? Faut-il contester les privilèges de la religion catholique dominante accumulés depuis des siècles, sous prétexte que la population a évolué ? Y a-t-il des injonctions religieuses plus compatibles avec les droits humains que d'autres ? Le principe de reconnaissance ne sera efficient que s'il s'accompagne de limites inhérentes à l' État de droit ; il doit être tempéré par un principe de responsabilité appliqué aux minorités.

Les injonctions religieuses rentrent-elles forcément en contradiction avec les normes dominantes, ou existe-t-il une troisième voie en faveur de la conciliation entre croyances et valeurs humanistes universelles ? Les collectivités territoriales ont-elles un rôle à jouer pour endiguer le manque de cohésion sociale et les antagonismes politico-religieux dans certains quartiers ? Toutes ces questions peuvent s'articuler autour d'un principe de diversité qui soit encadré par la Constitution et la loi.

Jusqu'à présent, le principe de reconnaissance a surtout été érigé en une volonté de rattrapage. Plutôt que de tout remettre à plat, il doit aujourd'hui favoriser l'éclosion de nouvelles règles. Ces nouvelles règles doivent être discutées au sein d'enceintes participatives laïques, pluriculturelles et pluriconfessionnelles mises en place par les pouvoirs publics. Le principe de neutralité de l'État doit faire obstacle à l'érosion des espaces de discussion entre différents cultes. Il est un principe de justice.

Le principe de neutralité n'est pas seulement synonyme d'interdiction, mais également d'ouverture. Il n'a pas d'existence légale-constitutionnelle autre que celle d'un devoir s'appliquant aux agents publics. Voire, il peut générer des droits et tempérer la volonté de préserver la « virginité » et la toute-puissance originelle de l'État. Il est indissociable de la devise de fraternité. L'État n'est pas toujours libéral ou interventionniste, il est également bienveillant et favorable au respect des croyances et des cultures. Il doit permettre d'ouvrir le champ des possibles aux aspirations légales et légitimes des différentes minorités religieuses. Il doit encourager le dialogue et l'élaboration de règles compatibles avec les droits humains. Certains droits fondamentaux ne se discutent pas. En revanche, certaines violences au quotidien peuvent être combattues et résorbées au moyen d'un renouvellement des institutions représentatives et d'un meilleur dialogue entre elles et l'ensemble des citoyen-ne-s.

Séparatisme « islamiste » ou entre soi des élites ?

Alors qu'Emmanuel Macron était prévu aujourd'hui à Mulhouse pour dévoiler son plan de lutte contre le *« séparatisme islamiste »*, le gouvernement devrait bientôt rendre sa feuille de route, dans la foulée du discours présidentiel très attendu : financement étranger des lieux de culte, formation des imams, structuration de l'islam de France, contrôle du développement des écoles hors contrat ou de l'instruction à domicile, etc., tous les sujets devraient y passer.

Mais si le mal était ailleurs ? S'il ne fallait pas regarder du côté des élites de la République et de leur endogamie chronique, en ces temps où il est nécessaire de dessiner les contours de la fabrique d'une élite métissée. Car les discriminations dans les hautes sphères de la fonction publique et des conseils d'administration du privé perdurent malheureusement, et font accroire qu'il existe un cercle vicieux dans la reproduction des responsables politiques, économiques, syndicaux, associatifs, y compris au détriment des femmes…

Tant que des cohortes de jeunes issus de l'immigration, ayant une couleur de peau différente, un patronyme à consonance étrangère, une adresse dans un quartier défavorisé ou encore une apparence « louche », etc., se heurteront à des obstacles institutionnels insurmontables, le réflexe identitaire croîtra et sera le terreau d'un islam dévoyé tant redouté.

La lutte contre le *« séparatisme islamiste »* n'est que l'aveu de l'échec de trente ans des politiques d'intégration, de rapport en rapport, de plan *Marshall* en plan *Marshall*, de désillusions en désillusions pour les quartiers populaires. Certes, il y a urgence à combattre le terrorisme ou le communautarisme musulman, mais n'est-ce pas sur le terrain économique et social, et non sur celui de la laïcité qu'il faut avant tout se positionner ?

L'embellie économique que vit la France, contrairement à certains de ses voisins européens outre-Rhin, doit nous amener à encourager encore plus la redistribution des richesses vers les territoires en difficulté, et les pauvres en particulier. L'État vient de créer une énième agence en faveur de la cohésion. Alors que le renforcement du lien social constitue une nécessité évidente, les pouvoirs publics mènent une politique qui penche cependant encore trop vers les classes aisées.

La justice sociale et la justice fiscale sont les garants de l'émergence d'une classe moyenne enfin représentative de la société multiculturelle dans laquelle nous nous côtoyons, nous nous fréquentons, mais dans laquelle les biens en commun sont également trop épars et bien mal partagés.

Les élections municipales sont l'occasion de conserver ou, au contraire, de porter des édiles au pouvoir qui soient davantage sensibles à la question sociale et environnementale. À Paris par exemple, la bataille est loin d'être gagnée pour Anne Hidalgo, mais l'enjeu est ailleurs : comment faire fructifier les mesures écologiques et courageuses adoptées par la majorité sortante, sans pour autant négliger la question de l'inclusion de tous, et surtout des migrant-e-s, dans la cité parisienne.

Car n'en doutons plus : l'insertion sociale et professionnelle des jeunes issus de la diversité constitue le talon d'Achille de notre République. Le combat doit être mené maintenant et pour de bon, au-delà des effets de manche et d'annonce. Et il sera alors possible de constater que les jeunes Français de culture musulmane n'ont plus besoin de s'identifier à des causes perdues et néfastes pour le vivre ensemble.

La loi relative aux séparatismes :
entre inconstitutionnalité et stigmatisation

C'est une loi qui portera sur 5 piliers, comme l'a énoncé le Président. Symboliquement, elle sera adoptée le 9 décembre prochain, date d'anniversaire de la loi de 1905. Ces dernières semaines, une vague de propos ubuesques circulaient sur l'islam, et tous ceux qui en professaient la bonne parole étaient simplement intéressés par l'influence qu'ils pouvaient exercer sur la loi à venir concernant les « *séparatismes* »…

Il est clair que ce mot, au pluriel, peut désormais s'écrire au singulier : Marlène Schiappa nous sommait déjà de laisser le séparatisme corse tranquille et, le Président Emmanuel Macron, dans son discours du 2 octobre dernier annonçant la loi, n'a parlé que de cet islam des ténèbres, qu'il convient selon lui d'aider à retrouver la voie des Lumières…

Cette référence injuste qui est faite à l'islam ne nous laisse pas sans amertume à la fin de son discours. Nous pensons en effet que la quasi-unanimité de nos concitoyens de confession musulmane ne sont pas des terroristes, et ont déjà accès à un islam éclairé. Il n'y a donc pas besoin de le faire s'«*illuminer*», mais plutôt de le respecter, en lui restituant une place au sein de la République : celle de religion respectable et respectée.

Le discours du 2 octobre ne manque pas non plus de susciter notre inquiétude d'un point de vue juridique et, plus particulièrement, constitutionnel. Comment peut-on justifier une loi qui porte seulement sur un culte ? Avec un peu de recul, cette loi, ainsi libellée, pourrait être considérée comme attentatoire aux libertés publiques puisque, de prime abord, discriminatoire.

Par ailleurs, la loi a également vocation à intervenir directement au sein des associations, puisque les motifs de dissolution sont étendus : les associations devront signer des contrats d'engagement relatif au respect de normes minimales qui sont, elles-mêmes, imposées par la loi.

A triple titre, la loi pourra soulever des difficultés d'inconstitutionnalité. Sur l'obligation de signer un contrat et l'atteinte potentielle à la liberté contractuelle, nous pensons que le sujet est mineur et largement « *outrepassable* » juridiquement. Sur la question de la liberté d'association et le principe de non-discrimination, nos avis sont plus réservés et dépendront de la manière dont la loi sera rédigée ; mais nous sommes très inquiets, tant il est clair qu'une religion et une seule est montrée du doigt, alors que les dérives sectaires peuvent être observées dans toutes les confessions, comme le souligne régulièrement la Miviludes, l'organisme chargé de lutter contre les sectes.

En réalité, nous savons qu'il y a derrière ce texte de loi, une échéance électorale à venir pour notre Président, et pas des moindres. La volonté est toujours de se retrouver face au Rassemblement National et de polariser le débat politique, de manière constante, en partant d'un constat simple, voire simpliste : « *les Français ne sont pas prêts à voter pour Marine Le Pen* »...

Nous appelons à faire attention à ce jeu politique, qui s'exerce depuis des années, et qui, à force d'épuisement, pousse, un peu plus, le Rassemblement National aux portes de nos institutions républicaines.

Il est ainsi dommage que la question du rôle des médias dans la diffusion des polémiques futiles concernant le foulard ne soit pas mise en avant. Nous sommes tous conscients que la liberté de la presse est essentielle dans notre pays, et qu'elle doit pouvoir s'y exercer dans le pluralisme des opinions de pensées. Or, les dernières séquences médiatiques ont tendance à poser la question de la déontologie s'appliquant aux médias, qui n'hésitent plus à reprendre des faits sans les vérifier, à faire le jeu du Rassemblement National ou à pratiquer l'incitation à la haine raciale en toute impunité. Sur cette source du séparatisme, le Président ne dira malheureusement rien. Ni d'ailleurs sur le scandale du « *séparatisme* » qui consiste à faire fructifier ses revenus en dehors de notre territoire, dans des paradis fiscaux, et qui n'a d'autres noms que l'évasion fiscale... Le séparatisme d'en haut ne gêne personne, tandis que le séparatisme d'en bas cristallise toutes les attentions.

Nous sommes cependant conscients de la volonté de faire preuve de pédagogie de la part du Président, qui souhaite, par exemple, que la langue arabe soit enseignée, en s'opposant ainsi frontalement au Rassemblement National. Il a également souhaité ne pas tomber dans les amalgames entre islam et islamisme radical (bien que cet amalgame soit très largement entretenu par nos médias télévisés). Les problématiques des banlieues, de l'absence de mixité, ont également été évoquées à demi-mots, néanmoins sans plans de financement concret. Il faut ici préciser que le financement, en matière de politique de lutte contre la radicalisation, est le nerf de la guerre. Mais les propositions, de ce côté, sont décevantes.

Il convient de rappeler que nous ne pouvons vivre que dans un régime respectueux des libertés. Et on peut se demander si cette loi n'aura pas pour effet, sinon pour but, de montrer du doigt encore un peu plus ceux qui vivent séparés, non pas par choix, mais le plus souvent du fait des politiques publiques, de la relégation sociale, et de l'exclusion économique... En d'autres termes, on peut se demander si la loi, et le discours qui l'accompagne, ne risquent pas de transformer les victimes en coupables. C'est la raison pour laquelle nous sommes d'accord avec Emmanuel Macron, la laïcité c'est le ciment de notre pays. A condition toutefois que la liberté de conscience ne soit pas contingente et contrainte diversement selon les religions…

Contre l'instrumentalisation des attentats terroristes

La terrible attaque au hachoir devant les anciens locaux de *Charlie Hebdo*, perpétrée vendredi dernier, n'aura pas échappé à la règle : chaque attentat terroriste en France, et maintenant dans le monde entier, constitue un énième prétexte pour dénoncer le prétendu dévoiement et les dérives imaginaires de l'Islam de France.

Pourtant, les citoyens français de confession et de culture musulmane sont dans leur immense majorité, ainsi que dans leur immense diversité, opposés à toute forme de violence et favorables à la liberté d'expression.

Différents médias, et plusieurs responsables politiques - non des moindres - exigent souvent d'eux qu'ils se désolidarisent officiellement des terroristes, comme si leur confession les lavait d'un sentiment de culpabilité présumé, voire de complicité avec les fanatiques. Cette présomption de complicité à leur endroit devient malsaine, tant elle contribue au pourrissement des débats et à l'absence des principaux concernés de tous les plateaux de télévision.

Certains dirigeants, pour n'en nommer qu'un seul, Manuel Valls, dans les colonnes du *Parisien* dimanche matin, s'en donne à cœur joie pour faire de l'islamisme l'un des premiers maux de notre siècle, en cette période inédite de pandémie, autrement plus ravageuse pour l'ensemble de notre planète.

Sa volonté de revenir sur les devants de la scène politique en France ne fait plus de doutes, et il n'a pas oublié ses vieux démons, lui qui voulait faire de la laïcité la question centrale de sa campagne présidentielle. Après avoir trahi le Parti socialiste – en ne respectant pas les résultats d'un scrutin interne – et la France – en désertant les bancs de l'Assemblée Nationale – Manuel Valls souhaite faire la leçon aux Français sur l'islamisme.

Car il faut le répéter sans cesse : l'islam ne représente pas un danger pour la France. Il a sa place, comme n'importe quelle autre religion minoritaire, au sein de notre paysage pluriconfessionnel. Loin de constituer une plaie , cette religion, telle qu'elle est pratiquée par l'immense majorité des musulmans en France, est une force pour notre pays des droits humains.

La laïcité ne constitue pas un instrument de guerre contre les croyants, mais davantage un outil pour faire coexister les différents cultes au sein de notre bien commun qu'est la République. Rappelons cette phrase de Jaurès qui souhaitait « *résoudre la question religieuse pour traiter la question sociale* ».

Est-ce un hasard si la personne qui a tenté de désarmer l'auteur du lâche attentat du 25 septembre est un Algérien ayant été pris pour cible par la police, menotté, enfermé, accusé à tort, alors qu'il s'agit d'un "héros très discret" ? Est-ce un hasard, hormis quelques rares exceptions sur les réseaux sociaux comme Twitter, si personne ne s'est soucié de le remercier et de présenter, au nom de notre pays, des excuses publiques ?

Les chaînes d'information en continu et les dirigeants politiques français n'ont pas fini d'instrumentaliser les attentats pour satisfaire leur base électorale et conforter, ainsi, leur soif de pouvoir.

Les statistiques sont formelles : désormais, après chaque attentat, les insultes fusent et les plaintes pour discrimination augmentent à due proportion ; chaque musulman devient un suspect, soit en raison de phrases qu'il a prononcées, de tweets qu'il a partagés ou encore d'une mosquée qu'il aurait fréquentée. Ce climat, entretenu par plusieurs groupuscules proches de l'extrême droite, devient anxiogène et contreproductif.

Bien évidemment, nous ne cautionnons pas les propos de tel ou telle expert-e, qui considère que la nouvelle publication des caricatures du prophète, ou encore le contexte des assises pour juger les auteurs des premiers attentats de janvier 2015, rendait propice un nouveau déferlement de haine.

Tout comme l'actuel recteur de la mosquée de Paris, nous serons éternellement des ardents défenseurs de la liberté de de la presse, y compris celle de *Charlie Hebdo*. Nous sommes opposés au délit de blasphème, et considérons que les personnes qui sont choquées par certaines Unes peuvent très bien se détourner et ne pas acheter ce type de journaux.

Non, la liberté d'opinion n'est pas négociable ici ou ailleurs, et doit également être défendue dans les enceintes internationales. En définitive, rappelons que les premières victimes des fondamentalistes ayant choisi de passer à l'acte sont les musulman-e-s eux-elles mêmes, que ce soit directement lorsqu'ils vivent proches de foyers de tension, ou indirectement lorsqu'ils vivent dans des pays occidentaux. Essayons de dénouer ce cercle vicieux et rendons justice à nos compatriotes qui leur sont bienveillants…

Observatoire de la haine en ligne :
un outil pour combattre efficacement la cyber-haine ?

Ayant échappé de peu à la censure du Conseil constitutionnel de la loi *Avia* du 24 juin 2020, l'observatoire de la haine en ligne est désormais sur les rails : il s'est réuni pour la seconde fois vendredi dernier, et semble tenir certaines de ses promesses ; rattaché au Conseil supérieur de l'audiovisuel (CSA), cet outil est avant tout un organe de réflexion : il vise à analyser les phénomènes haineux, et à favoriser l'échange de bonnes pratiques, notamment avec l'étranger, en menant des études à la fois qualitatives et quantitatives sur les contenus abrités par la Toile.

Toutes les parties prenantes du la lutte antiraciste et contre l'antisémitisme ont répondu présentes : les grandes plateformes du numérique, comme Facebook, Google ou Twitter travailleront côte à côte avec des associations françaises reconnues d'utilité publique, comme la LICRA, SOS Homophobie et SOS racisme... L'organisation compte également parmi ses membres des institutions issues du gouvernement, comme le secrétariat d'État du Numérique, le ministère de l'Éducation nationale ou encore le Haut Conseil pour l'égalité femmes/hommes. Enfin, certains chercheurs participent aux débats, à l'instar de Dominique Taffin, directrice générale de la Fondation pour la mémoire de l'esclavage, ou Hasna Hussein, spécialiste de la lutte contre la propagande djihadiste.

Néanmoins, les moyens d'agir de cet observatoire pour faire taire les propos haineux risquent vite d'être débordés par la profusion de contenus illicites sur Internet. Rappelons que le Conseil constitutionnel a censuré la proposition majeure de la loi Avia qui prévoyait d'obliger les plateformes à retenir dans un délai de 24h ce type de contenus... Si l'on prend le seul exemple de la lutte contre l'antisémitisme, ce ne sont pas moins de 51.816 contenus illicites qui ont été identifiés en 2019 par l'observatoire mis en œuvre par le CRIF ! De quoi douter de l'efficacité des pouvoirs publics en la matière.

Certes, la réflexion ne peut que s'enrichir via la nouvelle définition juridique des propos haineux et via l'émulation des partenariats ainsi créés pour réguler la diffusion de l'information, notamment sur les réseaux sociaux. Mais le chantier est trop vaste : les poursuites judiciaires risquent de demeurer la portion congrue de tous les signalements, même si ceux-ci doivent être rendus publics.

L'observatoire sera très attendu, par ailleurs, sur la question de l'islamophobie. Ayant été longtemps tolérée, voire encouragée par certains dirigeants politiques totalement irresponsables, elle est aujourd'hui diffusée à un niveau jamais égalé dans l'histoire de ce pays. Au-delà de la nécessité d'établir une limite claire entre ce qui relève de la liberté d'expression et ce qui relève de l'expression raciste et délictueuse, l'observatoire risque là aussi d'être débordé, sans disposer des soutiens suffisants au niveau des tribunaux. A cet égard, quand il s'agit de lutter contre l'islamophobie en ligne, c'est un peu s'engager à nettoyer les écuries d'Augias…

II en va de même pour la haine anti-noirs. Dans ce domaine, bien souvent, les outils législatifs sont complètement absents. Par exemple, en matière d'esclavage, l'apologie de crime contre l'humanité ou le négationnisme ne sont pas condamnés par la loi, pas même par la loi *Taubira*. Donc on peut tout à fait dire les pires horreurs à propos de la traite négrière, sans être exposé à la moindre poursuite pénale. Et les outils « *policiers* » manquent aussi ; ainsi, les plaintes pour racisme sont recensées par la police : agression antisémite ou antimusulmans, mais il n'y a aucune case concernant le racisme anti-noir, ce qui constitue une discrimination dans la lutte contre les discriminations. Dès lors, l'observatoire va-t-il aussi se caler sur des outils aussi défaillants ? Gadget ou véritable avancée sociale ? Le temps nous le dira. Mais gageons que les moyens mis à disposition de cet observatoire de la cyber-haine ne seront pas à la hauteur des enjeux recelés par la lutte antiraciste.

Faire de la lutte contre l'islamophobie et l'antisémitisme la Grande Cause Nationale 2014

Du 9 au 15 janvier 2013, le journal *Le Monde* a réalisé avec Ipsos une enquête sur les "nouvelles fractures" françaises, de laquelle ressortent des chiffres inquiétants : pour 74 % des personnes interrogées, l'Islam ne serait pas compatible avec les valeurs de la société française ; pour 8 Français sur 10, la religion musulmane fonctionnerait selon une logique prosélyte, cherchant à imposer son mode de fonctionnement aux autres ; pour 54 % des sondés, les musulmans seraient intégristes.

Dans la même logique, un sondage IFOP réalisé en décembre 2010 nous révélait que 42 % des Français considéraient la présence d'une communauté musulmane comme "une menace" pour l'identité de leur pays et que 68 % estimaient que les musulmans n'étaient "pas bien intégrés dans la société"...

Certes, on peut interroger les méthodes des instituts de sondage, souvent prompts à poser des questions orientées afin de démontrer un postulat existant. Néanmoins, on ne peut ignorer totalement ces données, d'autant plus qu'elles s'insèrent dans un contexte délétère en ce qui concerne la place de la religion musulmane dans la société française.

Depuis 2007, un tournant dangereux a été pris avec la confiscation de la laïcité par l'UMP et le Front National, qui en ont fait une arme de guerre tournée vers "la lutte contre l'islamisme radical". Terra Nova le soulignait dans une contribution de juin 2012 : "L'islamophobie a trouvé un nouveau point d'appui dans la doctrine du néo-FN : la laïcité, valeur cardinale de la République française. Une laïcité dévoyée, une 'laïcité de guerre' qui vise, à travers la bataille contre la menace islamiste, à stigmatiser la minorité musulmane du pays et à montrer que l'Islam est incompatible avec la République".

Cette stratégie, dans laquelle figure le débat sur l'identité nationale, a libéré la parole raciste, d'abord sous le précédent quinquennat avec par exemple le discours de l'ancien Ministre de l'Intérieur Claude Guéant sur le fait que "toutes les civilisations ne se valent pas" ou encore celui de Brice

Hortefeux sur le nombre de musulmans, qui "pose problème"... mais encore maintenant, lors des débats des primaires pour la présidence de l'UMP, avec l'affaire du "pain au chocolat" lors du ramadan, provoquée par Jean-François Copé, et qui a donné lieu à une plainte - aujourd'hui retirée - de la part du Conseil français du culte musulman (CFCM).

La droite a entretenu une confusion entre la notion de communauté, qui se rapporte à un groupe de personnes porteuses de spécificités, mais inclues dans un tout, et le communautarisme, qui privilégie l'"entre-soi" au vivre ensemble.

Les représentations caricaturales largement véhiculées par les médias sur le voile, la viande halal ou les prières de rue jouent aussi un rôle crucial dans le rapport des Français à l'Islam.

Bien avant la couverture du *Point* qui titrait il y a quelques semaines "cet islam sans gêne", Vincent Geisser décrivait, dès 2003, les choix éditoriaux contribuant à créer un sentiment de danger. "Fidèles en prières vus de dos, les fesses en l'air, rassemblements compacts menaçants, un individu barbu illuminé, bouche ouverte, yeux écarquillés...": tels étaient et sont toujours les scènes diffusées régulièrement par les télévisions françaises.

Entretenu par les médias, par la droitisation de l'UMP ou encore par la situation économique et internationale, le racisme a changé de forme. En 2011, la Commission nationale consultative des droits de l'Homme (CNCDH) a rendu un rapport sans équivoque. Elle constatait ainsi à la fois un recul des actes et menaces racistes (-7 % par rapport à 2010) et une augmentation très importante de l'hostilité antimusulmane (+33,6 % en un an).

En 2012, Amnesty International a fait figurer la France parmi les cinq pays ayant développé les stéréotypes aux conséquences les plus lourdes vis à vis de la religion musulmane, notamment au sein de l'école et dans le domaine de l'emploi.

Les causes du racisme ont évolué et continuent de changer. Il n'est plus biologique, suite au génocide de la seconde guerre mondiale, de moins en moins culturel, devenant aujourd'hui religieux. Là où, dans les années 80, l'"arabe" et le "maghrébin" étaient perçus comme des individus ayant des difficultés à s'intégrer, le Musulman est considéré désormais par plus d'un français sur deux comme un intégriste, selon le sondage *Le Monde* - Ifop de janvier 2013. Le danger est ainsi d'autant plus important que ce qui était considéré auparavant comme des "difficultés d'assimilation", liées à des questions de tradition et de culture, s'est aujourd'hui mué en une "impossibilité d'intégration", le Musulman étant de plus en plus perçu comme l'"ennemi de l'intérieur".

Il y a urgence à ce que les politiques admettent la réalité de l'islamophobie. Comme le souligne Marwan Muhamad, porte-parole du Collectif contre l'islamophobie en France (CCIF), reconnaître son existence et son développement croissant n'est en aucun cas synonyme d'acceptation du communautarisme ou d'interdiction de la critique vis à vis de l'Islam. "Comme la lutte contre l'antisémitisme, dit-il, n'est pas la seule affaire des Juifs mais celle de la République, la lutte contre l'islamophobie n'est pas une question communautaire mais un problème national. Et la dénoncer n'a rien à voir avec une quelconque volonté d'interdire le blasphème".
Lutter contre l'islamophobie suppose aussi de regarder les choses en face et de questionner notre modèle d'intégration. Comme le soulignait Jean-Claude Sommaire dans une tribune parue début 2013 sur le site *Rue89*, la délinquance des jeunes d'origine maghrébine et africaine sub-saharienne a bel et bien augmenté et les dangers du communautarisme sont réels. "Une enquête de Farhad Khosrokhavar sur "l'islam carcéral", publiée en 2004, relevait que la proportion des jeunes d'origine étrangère en prison dépassait très largement leur pourcentage au sein de la population totale et qu'ils y étaient souvent la cible d'un prosélytisme islamique très actif. Les travaux du sociologue Didier Lapeyronnie, les enquêtes du journaliste Luc Bronner, ou l'ouvrage du géographe Christophe Guilluy sur les "fractures françaises", ont confirmé une tendance à la ghettoïsation de beaucoup de quartiers".
Néanmoins, ce constat ne doit pas être relié à une conception essentialiste de l'immigration ou des dangers de l'Islam. Il faut se garder d'assimiler délinquance et religion, en omettant la question sociale. Il y a aujourd'hui urgence à requestionner, sinon à réquisitionner, le modèle d'intégration français, ainsi que le rôle de la laïcité, qui doit redevenir un principe au service du vivre-ensemble, et non de la division.

Admettre l'existence et la prégnance de l'islamophobie ne doit pas occulter une autre réalité : le renouveau de l'antisémitisme. Les musulmans ne sont pas la seule communauté à souffrir d'agressions et de violences. Peu après la tuerie de Toulouse, les responsables des deux cultes ont déploré une hausse des agressions et intimidations. Les actes antisémites ont explosé, avec une augmentation de45 % sur les huit premiers mois de 2012, par rapport à la même période en 2011. Autre fait alarmant, ils sont, selon le Service de protection de la communauté juive (SPCJ), d'une violence accrue...

Aux arguments conspirationnistes de l'antisémitisme traditionnel, faisant du Juif un personnage de l'ombre tirant les ficelles des banques et des médias, s'ajoutent de nouveaux motifs, largement liés à la crise, ainsi qu'aux tensions nées du conflit entre Israël et la Palestine. L'été dernier, Manuel Valls a évoqué un nouveau type d'antisémitisme, "né dans nos banlieues", qui serait essentiellement le fait de jeunes musulmans, tout en demandant de ne pas jeter "l'opprobre sur nos concitoyens notamment de confession musulmane".

On ne peut que s'alarmer face à la banalisation conjointe de l'islamophobie et de l'antisémitisme. Ces agressions répétées laissent planer des craintes légitimes, d'autant plus que les tensions entre juifs et musulmans constituent un levier pour attiser la haine, et monter les uns contre les autres.

Afin d'arrêter de renvoyer l'Islam et le Judaïsme dos à dos, et dans une logique de communication vis-à-vis d'une population française désorientée dans ce contexte de crise des valeurs républicaines, nous proposons de faire de la lutte contre l'islamophobie et l'antisémitisme la prochaine Grande Cause Nationale en 2014.

L'attribution d'un tel label permettrait de sensibiliser les citoyens français via le déploiement d'une stratégie de communication d'envergure, et ce malgré les réticences de certains grands acteurs publics, comme l'a illustré par exemple le refus de la RATP à l'automne dernier de diffuser une campagne de pub dans le métro parisien contre l'islamophobie. Cette action forte et symbolique serait un moyen de reconquérir un territoire trop longtemps laissé de côté : celui du combat contre les discriminations et contre la confiscation par la droite et l'extrême-droite du concept de laïcité.

Cette Grande Cause Nationale ferait notamment œuvre de pédagogie autour de ce principe essentiel à la cohésion sociale, malmené par l'UMP, qui n'a pas hésité à s'en servir pour stigmatiser une catégorie entière de la population française : les musulmans. Elle pourrait constituer une première étape d'une prise en compte véritable du multiculturalisme et d'une réflexion de fond sur la place des religions dans la société française.

9 789997 515468